Dieses Büchlein ist für

....

auf dem Weg zur Hochzeit

....

in

....

am

....

zugedacht von

....

Inhalt

»Du bist mir wichtig!« 3

Zwei Wege treffen sich 6

Liebe und Partnerschaft –
Wege gemeinsamen Wachsens 11

Wir sind ein Team 15

Die Kunst des Gesprächs 19

Erotik und Sexualität 24

Was hat unsere Ehe mit Gott zu tun? 28

Treue – mehr als ein Wort 33

Und wenn du dich veränderst? 36

Kinder, die Gott uns schenken will 41

Kirche zu Hause – »Haus-Kirche« 44

»Du bist mir wichtig!«

Hochzeit – ein Tag voller Hoffnungen und Erwartungen. Die Sehnsucht und die Träume vieler Jahre. Ein Tag, von dem viele meinen, es sei der schönste im Leben. Viele Erfahrungen haben Sie miteinander gemacht. Sie sind mit den Vorzügen und den Schwächen des anderen vertraut. In der Zeit Ihres bisherigen gemeinsamen Weges waren Sie voneinander fasziniert, vielleicht auch hin und wieder enttäuscht.

Jetzt haben Sie sich entschieden: Sie wollen einander vertrauen, miteinander leben: »Du bist mir wichtig!« – eine Überschrift zu vielem, was Sie bisher erlebt und in den Wochen der Vorbereitung auf Ihre Hochzeit hin sagen und tun.

Eine Hochzeit ist zuerst ein Tag des Paares, aber nicht nur. Ehe ist der kleinste Baustein der menschlichen Gesellschaft. Sie basiert nicht zuletzt auf guten Ehen und Familien. Darum haben die Kulturen aller Zeiten größten Respekt vor der Ehe und fördern die Gemeinschaft von Mann und Frau, und zwar nicht als Bevormundung, sondern als Unterstützung. Daher stehen heute Ehe und Familie unter dem besonderen Schutz des Staates.

Sie haben beschlossen, nicht nur vor dem Standesbeamten als Vertreter des Staates Ihre Ehe zu schließen. Sie möchten sich auch kirchlich trauen lassen. Das mag viele gute Gründe haben: »In der Kirche zu heiraten ist einfach schöner« – »Die kirchliche Trauung ermöglicht eine Feierlichkeit, welche die Bedeutung dieses Tages unterstreicht.« Sie tun es wohl auch aus der Überzeugung und der Hoffnung, dass Gottes Segen über Ihrer Ehe steht.

Mit Blick auf den Hochzeitstag und das künftig gemeinsame Leben stellen sich auch Fragen wie:

→ Wie kann unsere Ehe gelingen?
→ Wie können wir unsere Beziehung auf ein solides Fundament bauen?
→ Was ist uns an unserem gemeinsamen Leben besonders wichtig?
→ Wie verstehen wir als Christen, gegebenenfalls als konfessionsverschiedene Christen, unsere Ehe?

Einladung

Die folgenden Themenfelder gehen solchen und ähnlichen Fragen nach. Ich möchte Sie zu einer besonderen Art der Hochzeitsvorbereitung einladen, nämlich in den nächsten Wochen den einen oder anderen Abschnitt miteinander zu lesen und darüber ins Gespräch zu kommen.

Sie werden sich mit Ihrem Pfarrer zur Vorbereitung Ihrer Trauung treffen. Mit ihm können Sie weiterführend das eine oder andere Thema austauschen und darüber hinaus besprechen, was Sie selber in den Festgottesdienst Ihrer Hochzeit einbringen möchten.

Mainz, Mai 2000
HUBERTUS BRANTZEN

Zwei Wege treffen sich

Birgit und Klaus sind davon überzeugt, dass sie zueinander gehören. Sie haben sich in der Bank, in der sie beide arbeiten, kennen gelernt. Sie lieben ihre Jobs und teilen viele Interessen miteinander.

Wie Birgit und Klaus sind sich viele Brautpaare sicher, dass sie nicht zufällig zusammengefunden haben. Sie kennen das intensive Gefühl: »Wir beide haben uns gefunden für mehr. Wir gehören zusammen.«

Eigene Wege

Ein Eheleben ist keine Insel. Sie beide haben bereits einen je eigenen persönlichen Lebensweg hinter sich, geprägt und beeinflusst von unterschiedlichen Beziehungen, einen Weg über viele Stationen seit Ihrer Kindheit: Da gab es Elternhaus, Schule, Berufsausbildung und erste Berufserfahrungen, da gab es Erlebnisse in Vereinen oder Gruppen und im Freundeskreis, vielleicht auch die Erfahrung von Partnerschaften, die wieder auseinander gingen.

Die Herkunftsfamilie

In jedem von uns hat vor allem unsere Herkunftsfamilie Spuren hinterlassen, und auch Ihre Familien kannten

sicherlich ihr eigene Besonderheiten, Traditionen und Gewohnheiten: wie man denkt, wie man sich mitteilt oder auch nicht, wie man sich kleidet, wohnt und Freizeit verbringt, wie man Feste feiert oder in Urlaub fährt, was man von Politik, Kirche und sonst was hält. So tragen wir alle unsere ureigenen Erfahrungen mit den wichtigsten Personen unserer Kindheit in uns durchs Leben. Bei alle dem versucht jeder, seine eigene Identität zu finden.

Wer heiratet, wird kaum sagen können: »Ich will nur dich! Nur mit dir! Mit deiner Familie möchte ich aber eigentlich nichts zu tun haben.« Irgendwie werden Ihre beiden Herkunftsfamilien und deren Traditionen auch in Ihrer Ehe mit anwesend sein, ob es Ihnen bewusst ist oder nicht: etwa in der Weise, wie Ihre Eltern Ehe lebten, wie sie und ob sie wirklich miteinander sprachen oder auch konstruktiv stritten. So ist es sehr bedeutsam für das eigene Miteinander, sich seiner Familienwurzeln bewusst zu sein und sich mit der Geschichte der Partnerin und des Partners anzufreunden.

Klaus ist in einer Familie mit drei Geschwistern aufgewachsen. Birgit lebte bisher bei ihrer allein stehenden Mutter und fühlt sich nach wie vor verantwortlich für sie. Klaus hat im Grunde nichts dagegen, wenn sich Birgit um ihre Mutter kümmert. Doch ihn stört schon auch, dass sie ihre Mutter bei allem, was sie vorhaben, allzu sehr mitbedenkt.

Zu einer neuen Lebensgemeinschaft gehört, dass sich die Partner darüber klar werden, welches Gewicht sie ihren Herkunftsfamilien einräumen, wie stark ihre Bindungen vielleicht noch sind. Wenn nötig, zögern sie nicht, sich abzugrenzen und ihrer Gemeinschaft mehr und mehr Raum zu geben.

Ein neuer gemeinsamer Weg

Ehe ist wie ein Weg, der aus zwei eigenständigen Wegen in einen neuen mündet. Christen glauben, dass das kein Zufall ist, sondern dass Gott sie führt: Aus den Erfahrungen und Erlebnissen zweier Menschen entsteht durch ihre Liebe und Ehe eine neue Lebensspur. Sie beginnen eine neue Geschichte, die einmalig ist und Themen kennt wie:

→ Wie gestalten wir unseren Tagesablauf?
→ Wie viel Raum braucht jeder für sich, wie viel Raum brauchen wir miteinander?
→ Was halte ich, was hältst du in unserem Zusammenleben für ganz wichtig?
→ Wie gestalten wir die persönlichen Festtage sowie Weihnachten und Ostern?
→ Wie halten wir es mit Besuchen bei deinen, bei meinen Eltern?
→ Und anderes mehr...

→ **Anregungen**
→ *Haben Sie Lust, gemeinsam Familienfotos anzuschauen und Erinnerungen auszutauschen?*
→ *Was aus unserer Vergangenheit hilft unserer Partnerschaft? Was könnte sie belasten?*
→ *Vorschlag: Schreiben Sie beide die wichtigsten Ereignisse Ihres Lebens auf kleine Papier-Fußstapfen und legen sie daraus zwei Wege, die in einen Weg münden.*

Liebe und Partnerschaft – Weg gemeinsamen Wachsens

Für Johannes und Silvia war am Anfang klar, in ihrer Ehe alles miteinander zu teilen: z.B. wichtige Entscheidungen und auch die Arbeit im Haushalt; beide waren berufstätig. In der ersten Zeit war diese Abmachung kein Problem. Dann kam ihr Sohn Benjamin. Silvia nahm Erziehungsurlaub und blieb zu Hause. Nun veränderte sich die Situation: Für Silvia blieben Kind und Haushalt, für Johannes der Beruf. Langsam stieg Groll in Silvia auf, weil Johannes alles so selbstverständlich nahm. Dann platzte es aus ihr heraus: »Ich hab' auf meinen Beruf verzichtet, und nun sitze ich hier fest. Das hab' ich nicht gewollt!«

Ähnlich erleben nicht wenige Paare ihre ersten Ehejahre. Da gibt es zunächst beste Pläne und Ideen. Doch dann schleicht sich unter der Hand, mehr oder weniger deutlich, ein Modell von Ehe und Familie ein, bei dem in der Regel die Frauen sich auf Dauer eingeengt und frustriert fühlen.

Entscheidungen gemeinsam treffen
Es ist kein böser Wille im Spiel, wenn sich Verhaltensmuster und Rollenverteilungen in einer Ehe entwickeln, die zumindest einen der Partner unzu-

frieden machen. Wichtig ist dann, dass einer von ihnen die Initiative ergreift, um an die anfänglichen, gemeinsamen Pläne und Ideen zu erinnern, sie neu ins Gespräch zu bringen und nach jetzt möglichen Wegen, die beide gehen können, zu suchen.

In jeder ehelichen Gemeinschaft stehen immer wieder große und kleine Entscheidungen ins Haus: Wie richten wir unsere Wohnung ein? Brauchen wir zwei Autos? Machen wir dieses Jahr eine größere Reise? Sollen wir für eine Eigentumswohnung sparen und wenn ja, wie? Wie viele Kinder möchten wir? Wie gestalten wir unsere freie Zeit, wie den Sonntag? Welche Freunde treffen wir? Jede gemeinsam getroffene Entscheidung und angezielte Perspektive stärkt die Beziehung und das Zusammenleben.

Dies bedeutet natürlich nicht, dass Sie immer alles und jedes gemeinsam tun. Auch in einer vitalen Ehe braucht jeder seine je eigenen Lebensräume. Ein gutes Wir lebt von eigenständigen Persönlichkeiten.

Krisen miteinander meistern

Immer wieder gibt es auch unter Liebenden Situationen, in denen ihre Interessen auseinander gehen, so dass es zu einer dicken Krise kommen kann. Ich erinnere an Johannes und Silvia. In ihrer Situation kann sich ihre Partnerschaft aber wirklich auch bewähren: ein Problem offen aussprechen, miteinander ruhig anschauen, auch Empfindungen wie Enttäuschungen zulassen, vor allem

das eigene Erleben nicht dem anderen zum Vorwurf machen, miteinander einen guten und realisierbaren Kompromiss suchen und wenn nötig: Spannungen aushalten, ohne (versteckte) wechselseitige Beschuldigungen.

Nicht jene Paare leben eine gute, lebendige Ehe, die vermeintlich keine Krisen kennen, sondern jene, die aus einer Krise neu verbunden hervorgehen.

→ **Anregungen**
→ *Welche Absprachen möchten wir schon jetzt treffen bezüglich Haushalt – Berufstätigkeit beider – Gestaltung der Freizeit etc. ... ?*
→ *In welchen Bereichen möchte ich, möchtest du alleine und frei entscheiden können?*
→ *Wir schreiben uns gegenseitig einen Brief, in dem wir aufzählen, was wir von unserer Partnerschaft erwarten und worauf wir selbst bei der Verwirklichung achten wollen. Das kann zu einer Entdeckungsreise werden!*

Wir sind ein Team

Wer kennt nicht die Erfahrung: Da sitze ich mit einem Problem und komme nicht weiter? Im Gespräch mit einem anderen gehen mir plötzlich Lichter auf. Ich durchschaue mein Problem besser und sehe eine Lösung. Synergieeffekt nennt man das: In einem Ehe-Team verbinden sich eigene Energien mit den Energien der Partnerin / des Partners – und es entsteht unverhofft Neues. So zusammenzufinden bringt mehr auf die Beine und macht Freude. Eins und eins ergibt im Team eben mehr als nur zwei.

»Team« stammt aus dem Altenglischen »téam« und bedeutet: Familie, Gespann. Das Ehe-Gespann ist also die Urform des Teams...

Der kleine Unterschied
Ein Ehe-Team kann darum so effektiv sein, weil nicht nur die Energien, Kräfte und der Phantasiereichtum zweier Menschen zusammenfließen. In diesem Team bündeln sich auch die unterschiedlichen Fähigkeiten von Frau und Mann. Ein Sprichwort aus der Mongolei sagt: *»Wenn Mann und Frau auch auf dem gleichen Kissen schlafen, haben sie dennoch verschiedene Träume.«*

Gerade diese Andersartigkeit bringt, wenn sie zusammenwirkt, den Effekt.

Das zeigt sich z.B., wenn Paare ihre erste, gemeinsame Wohnung einrichten. Wer achtet darauf, dass alles funktional und praktisch eingerichtet wird? Wer sorgt sich um die kleinen Dinge? Um die Atmosphäre? ...

Frauen und Männer sind ja nicht nur körperlich verschieden. Auch in ihrem Denken und Fühlen gibt es in der Regel Unterschiede. Zwar deuten sich heutzutage gewisse Veränderungen an: Männer brauchen nicht immer die coolen Denker und Frauen nicht nur die zartfühlenden Schönen sein. Dennoch zeigen sich nach wie vor Grundtendenzen darin, wie Frauen und Männer sich selbst und ihre Aufgaben erleben. So scheinen viele Männer mehr Wert auf Planerisches, auf Abläufe, auf Sachlichkeit zu legen und sind daran interessiert, wie etwas funktionieren und gelingen kann. Frauen achten eher auf innere Vorgänge, auf Beziehung und Gefühle, auf die eigenen und die der anderen. Sie erfassen Situationen intuitiv, besonders dann, wenn Emotionen im Spiel sind. Wenn ein Mann Gefühle zeigt, wird ihm dies immer noch oder nicht selten als Schwäche ausgelegt.

Dementsprechend haben Frauen und Männer unterschiedliche Erwartungen an ihre Ehe und das gemeinsame Leben: Laut einer Allensbach-Umfrage hoffen Frauen eher auf Zuneigung und emotionale Wärme, Verständnis, Ehrlichkeit und Offenheit. Männer suchen eher sexuelle Erfüllung, gemeinsame Unternehmungen und die Attraktivität der Partnerin.

Als Team unschlagbar

Sicherlich hat jeder Mann auch mehr oder weniger weibliche und hat jede Frau auch weniger oder mehr männliche Anteile in der je eigenen Wesensart. Jede Art jedoch nimmt in ganz eigener Weise die Welt ringsherum auf und reagiert unterschiedlich. In einer Ehe vereinen sich diese beiden Sehweisen. Im Austausch der Wahrnehmungen kommen beide Akzente lebendig zur Geltung. So können Paare Ereignisse, Erlebnisse, Begegnungen und Situationen ganzheitlicher wahrnehmen, als es ein(e) einzelne(r) vermag.

Wenn Paare diese Chance nutzen, sich gegenseitig in ihren je eigenen Stärken anerkennen und ergänzen, sind sie sozusagen unschlagbar. Das gelingt allerdings nur, wenn sie ihre Ehe partnerschaftlich verstehen und leben.

Paare leben glücklicher

Die Glücksforschung, eine neue wissenschaftliche Forschungsrichtung, belegt: Das Leben im Ehe-Team hat weitere überraschende Wirkungen. So etwa leben Ehepaare »solider« als Singles. Sie trinken und rauchen weniger, weil sie wechselseitig auf ihre Gesundheit bedacht sind und weniger gegen Einsamkeit kämpfen müssen. Menschen, die in einer Ehe leben, bezeichnen sich selbst als glücklicher als jene, die alleine leben. Zudem ist ihre Lebenserwartung höher.

→ **Anregungen**
→ *Bei welchen Gelegenheiten hat sich bereits unsere »Team-Arbeit« bewährt?*
→ *Welche unterschiedlichen Wesensarten und Fähigkeiten erleben wir bei uns?*
→ *Welche Projekte möchten wir in nächster Zukunft als Team angehen?*

Die Kunst des Gesprächs

Anne und Joachim besuchten einen Kurs für junge Paare. Eines der Themen: das Gespräch. Der Kursleiter machte darauf aufmerksam: Jedes Paar brauche einen Abend in der Woche nur für das Gespräch zu zweit. Sonst bestehe die Gefahr, sich zu entfremden. – Die teilnehmenden Paare waren sich einig: Wir reden doch ständig miteinander!

In der Tat: Menschen reden viel miteinander. Zu einem guten Gespräch – besonders zwischen Ehepartnern – gehört, dass beide nicht nur reden, sondern vor allem zuhören können: zuhören, was der bzw. die andere wie erlebt hat; zuhören, was sie bzw. ihn froh oder traurig macht; zuhören, welches Problem drückt. »Wie geht es dir?« ist dann nicht nur eine Floskel, sondern Ausdruck tiefen Interesses.

Sich gegenseitig unterstützen

Nicht wenige suchen verzweifelt jemanden, dem sie sich und ihre Probleme anvertrauen können. Manche suchen professionelle Hilfe bei einem Berater oder einer Therapeutin. Ohne Zweifel können auch Ehepaare in eine Sackgasse geraten, aus der sie nur mit Hilfe von außen herauskommen, etwa durch eine Eheberatung. Doch bevor es dazu kommt, haben Paare eine große

Chance, auf dem Fundament von Liebe und Wertschätzung sich in den Alltagsproblemen wechselseitig zu entlasten.

Das will geübt sein
Die Kunst des Gesprächs bedarf der Übung. Das Geschick, miteinander gute, hilfreiche, befreiende Gespräche zu führen, fällt wohl niemandem einfach in den Schoß. Jeder Tag einer Ehe gibt die Chance, Sprachlosigkeit zu überwinden und im Gespräch noch näher zueinander zu finden.

Gespräche der Liebe
Liebende entwickeln ihre eigene Sprache. In intimen Situationen flüstern sie sich Kosenamen und allerlei »Unsinn« zu. Gerade die Eigenarten dieser Liebessprache zeigen den Unterschied zwischen Intimsphäre und Außenwelt. Doch es gibt da noch weitere wichtige Gesprächsarten: Müll abladen und Probleme besprechen, dem anderen Dank und Anerkennung sagen, Erfahrungen und Gefühle mitteilen. In all dem zeigen wir uns, und wem täte es nicht gut: Ich habe Zeit für dich – Ich bin an dir interessiert – Ich möchte dir nahe sein, auch in den Kleinigkeiten. – Ich bin gerne mit dir verheiratet...

Aneinander vorbeireden

Nicht selten haben Partner das Gefühl, aneinander vorbeizureden.

Anne beschwert sich bei einer Freundin, dass sie zwar oft mit Joachim spricht, er sie aber nicht wirklich versteht: »Ich erzähle ihm zum Beispiel, dass mich eine Nachbarin in Wut versetzt hat, weil sie an allem herummeckert. Joachim geht das Ganze dann distanziert an und erklärt, wie man solchen Problemen am besten aus dem Weg gehen kann. Das macht mich nur noch wütender.«

Anne möchte ihrer Wut Ausdruck geben, doch Joachim reagiert mit sachlichen Lösungsversuchen. Anne spricht von ihren Gefühlen, Joachim meint dagegen, das Problem ohne Emotion aus der Welt schaffen zu können. Er nimmt nicht wahr, um was es Anne wirklich geht.

Bei allen Gesprächen und Gesprächsinhalten gilt es, Sachebene und Beziehungsebene zu unterscheiden. Ehepartner tun gut daran, sich für die Denk- und Gefühlswelt des anderen zu interessieren, sie zu respektieren, sie mehr und mehr zu verstehen und zu schätzen.

Mut zu Streit und Versöhnung

Auch in einer guten Beziehung gibt es nicht nur eitel Sonnenschein. In einer Ehe, in der es nicht auch einmal zur Auseinandersetzung kommen darf, geht es oft langweilig zu, oder: Ein Partner zieht sich frustriert zurück, oder: Sie werden einander irgendwann sogar gleichgültig.

Mut zum Streit! Es darf auch emotional zugehen. Die eindeutige Grenze dabei liegt dort, wo sich die Partner gegenseitig innerlich oder gar äußerlich verletzen, so dass danach eine Versöhnung sehr schwer wird.

→ **Anregungen**
→ *Ich erzähle meinem Partner / meiner Partnerin in 10 Minuten, was mich heute am meisten bewegt hat. Dann wechseln wir. Er/sie darf nicht unterbrechen.*
→ *Austausch: Bin ich mit der Art unserer Gespräche zufrieden? Was möchte ich verbessern?*
→ *Plan: Ein Abend in der Woche gehört uns gemeinsam und dem persönlichen Gespräch.*

Erotik und Sexualität

»Liebe« ist in aller Munde. Die meisten Schlager und Songs besingen die Liebe. Viele Filme kommen ohne sie nicht aus. Die Liebe ist ein Ereignis, ein Vorgang, ein Gefühl, eine Entscheidung, die den ganzen Menschen betrifft und fesselt. Leider wird Liebe auch missbraucht – in der Werbung zur Vermarktung von Produkten, in der Darstellung von käuflichem Sex, in der Pornographie. Dieser öffentliche Missbrauch hat nicht selten Einfluss auf die Einstellungen der Menschen. Die Liebe kommt in Gefahr, oberflächlich, billig, manchmal sogar abstoßend zu werden.

Religiöse Menschen sehen die Liebe als Geschenk Gottes. Sie ist das Wertvollste, was Menschen gegeben ist. Für Ehepaare ist sie das geheimnisvolle innere Band, das sie zusammenhält.

Sex

Ein wichtiger Teil der Liebe ist die Sexualität im engeren Sinn: die körperliche Lust, das Erlebnis, den Körper des anderen und den eigenen zu genießen. Der liebevoll Umgang mit der Sexualität verlangt, auf das Wohl und die Freude der Partnerin bzw. des Partners zu achten, darauf bedacht zu sein, dass es dem anderen gut geht, nichts zu wollen, was dem anderen unangenehm ist.

Erotik

Damit sich der sexuelle Liebesakt liebevoll vollzieht, ist er umhüllt von der Erotik. Erotik meint, dass Frau und Mann sinnlich voneinander fasziniert sind, ohne dass zugleich der sexuelle Trieb geweckt wird: Für den Mann ist diese eine Frau die Begehrte. Bei diesem Mann fühlt die Frau das »Kribbeln im Bauch«. Wie beide sich anstrahlen, die Hände halten, sich umarmen, zeigt, dass es zwischen ihnen erotisch knistert. Beide wollen einander beeindrucken. Die Frauen »machen sich schön«, die Männer »wollen etwas darstellen«. Erotik wird in der Ehe gepflegt, wenn beide auf dem Fundament des Inneren auch das Äußere des anderen beachten und lieben und dies auch aussprechen.

Geistige Liebe

In der geistigen Liebe schätzen die Partner nicht nur die körperlichen Vorzüge, sondern auch die geistigen Werte des anderen: seine Persönlichkeit, seine Begabungen und Talente, seine Fähigkeit, zuzuhören und Geborgenheit zu schenken, sein berufliches Können und sein gesellschaftliches Engagement... Hier ist gegenseitige Anerkennung und Ermutigung wichtig.

Geistliche Liebe

In der geistlichen Liebe entdecken religiöse Menschen in der Ehepartnerin bzw. im Ehepartner ein Geschenk Gottes. Sie können sogar sagen: In der Liebe zueinander ist Gott selbst nahe. Diese Überzeugung hilft, einander in Würde und Achtsamkeit zu begegnen. Der andere ist mir nicht einfach verfügbar. Er ist mir von Gott an die Seite gestellt. Paare, die diese religiöse Perspektive kennen, legen ein tragfähiges, sicheres Fundament für ihre Ehe.

Ganzheitliche Liebe

Sexuelle, erotische, geistige und geistliche Liebe sind ein Ganzes und eigentlich unteilbar. Diese ganzheitliche Sicht macht deutlich, wie die Liebe zweier Menschen ihre ganze Persönlichkeit umfasst. Sie bringt alle Ebenen unseres Menschseins ins Spiel und kann das ganze Leben verändern.

Was die katholische Kirche sagt

Wenn sich die Kirche zur Sexualität des Menschen äußert, will sie nicht – wie es oft missverstanden wird – die Freude und Lust an der Liebe beschränken. Sie möchte vielmehr die ganzheitliche Sicht ehelicher Liebe betonen und schützen, besonders dort, wo in einer Gesellschaft ehefeindliche Tendenzen und ein »Ausverkauf« der Liebe spürbar werden.

→ **Anregungen**
→ *Für Ihr Gespräch: Wie erlebe ich, wie erlebst du die verschiedenen Aspekte unserer Liebe?*
→ *Welche Aspekte sind uns besonders wichtig?*
→ *Welche sind mir, welche dir im Blick auf ganzheitliche Liebe besonders wichtig?*
→ *Wie schätzen wir den Umgang mit dem Thema Liebe in unserer Gesellschaft ein?*

Was hat unsere Ehe mit Gott zu tun?

Für manchen ist Gott eine sehr abstrakte Sache, die nichts mit dem realen Leben zu tun hat. Viele Menschen glauben wohl an ein »höheres Wesen«. Von dem weiß man aber nicht viel, nichts Genaues. Wer von Gott spricht, steht im Verdacht, abgehoben von den Dingen dieser Welt zu leben, weltfern. Wenn man die Bibel ernst nimmt, müssten Ehepaare eigentlich gleichsam »von Natur aus« Menschen sein, die Gott nahe sind. Nach der Überzeugung der Bibel ist Gott nämlich die Liebe.

Die Liebe ist aus Gott, und jeder, der liebt, stammt von Gott und erkennt Gott. Wer nicht liebt, hat Gott nicht erkannt; denn Gott ist die Liebe.
Gott ist die Liebe, und wer in der Liebe bleibt, bleibt in Gott, und Gott bleibt in ihm.
1 JOHANNES 4,7-8.16B

Das heißt doch: Überall dort, wo echte Liebe zwischen Menschen lebt, ist Gott nahe. Besonders wenn Mann und Frau sich in Vertrauen und Hingabe einander zuwenden, da ist Gott mitten drin und erfahrbar:

- in einem Gespräch, bei dem wir zusammenfinden,
- in kleinen und großen Gesten der Liebe,
- wenn wir gemeinsam eine schwierige Situation bewältigen,
- wenn du meine Launen erträgst,
- wenn du mich annimmst, wie ich bin,
- wenn ein verzeihendes und versöhnendes Wort wieder froh macht.

Das sind die kleinen Wunder des Lebens und der Liebe.

Aus dem Brief einer Frau an ihren Mann:
»Seit wir zusammen sind, spüre ich, dass Gott mich liebt. Ich bin glücklich, weil ich weiß, wo ich hingehöre. Früher war Gott für mich jemand, der dauernd Forderungen an mich stellt. Heute weiß ich: Die kleinen Dinge des Alltags und deine Liebe sprechen von Gott.«

Wir müssen Gott nicht irgendwo hinter den Wolken und in weiter Ferne vermuten. Er ist ein menschenfreundlicher Gott, der unser Glück und ein gelingendes Leben will. Das ist kein nur frommer Gedanke anlässlich Ihrer Hochzeit – das ist Überzeugung, Erfahrung der Christen. Gerade deshalb ist die Ehe für sie so wichtig und wertvoll.

Gott ist ein Du

Christen verstehen Gott nicht nur als eine »geistige Macht« oder ein »höheres Wesen«, das hinter oder über den Dingen und Menschen thront, sondern seit Jesus von Nazaret als beziehungsreichen Gott. Den Gott Jesu können wir, wie er es getan hat, ansprechen. Zu ihm können wir »Du« sagen. Er ist wirklich da – wenn auch nicht für die Augen sichtbar.

Den Glauben des anderen achten

Diese Du-Beziehung zu Gott sprechen wir aus im Gebet. Seit es Menschen gibt, sprechen sie ihren Gott an, loben ihn für die Schöpfung, danken für die Liebe, bitten in ihren Nöten.

Die Beziehung zu Gott ist etwas sehr Intimes. Manche sagen: Sie ist so persönlich, dass es schwer fällt, darüber zu reden.
In der Ehe sind wir so intim miteinander, dass wir uns nicht zu schämen brauchen, über Gott zu sprechen: Was glaubst du? Wie betest du? Wie ich bete?

Ehe – ein »Sakrament«

(1) Christen glauben, dass die Ehe nicht nur eine weltliche Institution ist, sondern eine *Schöpfung* Gottes: »Gott schuf den Menschen als sein Abbild; als Abbild Gottes schuf er ihn. Als Mann und Frau schuf er sie.

Gott segnete sie, und Gott sprach zu ihnen: Seid fruchtbar...« (Genesis 1,27f).

(2) Gott schloss mit dem Volk Israel einen *Bund*. Gottes enge Beziehung zu seinem Volk vergleicht die Bibel oft mit der Ehe unter Menschen. Daher verstehen Christen die Ehe als Bund. Dieser *Ehebund* erinnert an den Bund Gottes mit den Menschen.

(3) Jesus Christus zeigte den Menschen und lebte es, wie Gott ist: ein segnender, heilender, liebender Gott. Christliche Ehepartner leben auch aus dieser Liebe. Sie wollen ein Segen füreinander sein. Sie wollen einander heilende Geborgenheit und Nähe schenken. Christus ist dabei gleichsam »der Dritte im Bunde«.

Katholische Christen nennen die Ehe ein »Sakrament«. Das lateinische Wort »sacramentum« bedeutet »heiliges Geheimnis«: Gott ist auf geheimnisvolle Weise in der Liebe und Gemeinschaft von Frau und Mann nahe.

→ **Anregungen**
→ *Austausch: Wie stelle ich mir Gott vor? Wie geht es mir bei dem Gedanken, dass Gott in unserer Liebe anwesend ist?*
→ *Katholische Christen nennen die Ehe ein »Sakrament«. Wie verstehen wir das?*

Treue – mehr als ein Wort

Auf der Wunschliste von Brautpaaren findet sich Treue ganz oben. Jeder möchte in seiner Liebe ernst genommen werden. Das Ja-Wort am Altar soll eine treue und ausschließliche Liebe für diese eine Partnerin, für diesen einen Partner sein.

In einer Gesprächsrunde tauschten sich Männer zum Thema »eheliche Treue« aus. Rolf meinte, man dürfe das nicht alles so eng sehen. Wenn er weit weg auf Geschäftsreise sei, schade er doch seiner Frau nicht, wenn er mal ein kleines Liebesabenteuer habe. Sie wisse ja nicht einmal etwas davon.

Der Blick auf die Lebenswirklichkeit lässt viele daran zweifeln, ob eine treue und ausschließliche Liebe möglich ist. Ehen zerbrechen. Andere bleiben zusammen, doch von dem anfänglichen »Kribbeln im Bauch« ist nichts übrig geblieben. Das Scheitern rings herum lässt geglückte Ehen leicht übersehen.

Einander trauen

Ein anderer Begriff für Hochzeit heißt »Trauung«. Zwei Menschen trauen einander und vertrauen sich einander an. Sie setzen ihre Lebenskarte auf diesen einen

Menschen: Du – und nur Du – und das für immer! Christen sprechen hier von der *Einheit* und *Unauflöslichkeit* der Ehe, von der *ehelichen Treue*.

In der Geschichte vom kleinen Prinzen sagt der Fuchs zum Prinzen: »Man ist zeitlebens für das verantwortlich, was man sich vertraut gemacht hat.«

Ganz nüchtern betrachtet, ist es – menschlich gesehen – unmöglich, ein so umfassendes Versprechen zu geben und eine solche Verantwortung füreinander zu übernehmen. Wer kann schon garantieren, dass die Gefühle füreinander in zehn Jahren genauso aussehen wie heute?

Christliche Ehepartner können dieses umfassende Ja-Wort nur sprechen, weil sie daran glauben, dass ihnen dazu eine innere Kraft von Gott im Sakrament der Ehe geschenkt wird. Sie glauben, dass Gott verlässlich und treu ist. Sie rechnen fest damit, dass Gott ihnen von seiner Treueenergie schenkt – wenn sie vor dem Traualtar stehen und an jedem Tag ihres Lebens.
Treue bedeutet darum: sich immer wieder erinnern an das Ja-Wort des Hochzeitstages – und zugleich fest auf Gottes Treue-Zusage vertrauen.

→ **Anregungen**
→ *Was halten Sie von der Aussage: »Ich bin dir solange treu, wie wir zusammen sind«?*
→ *Was schützt im Tiefsten unsere Liebe und Ehe?*
→ *In welcher Weise glauben wir an die Hilfe Gottes für unsere Ehe?*

Und wenn du dich veränderst?

Eva und Jonas sind seit drei Jahren zusammen. Eva schätzt an Jonas besonders, dass er ein sehr aufmerksamer Kavalier ist. Er führt sie zum Essen aus, lädt sie ins Kino ein, geht gerne mit ihr zum Tanzen. Sie haben bei all dem getrennte Kassen; doch allein schon das Bemühen von Jonas ist ihr viel wert. Ganz besonders nett findet sie, dass er sie ab und zu mit etwas überrascht.

Seit einiger Zeit aber macht sie eine ernüchternde Erfahrung: Jonas entwickelt sich mehr und mehr zum Stubenhocker: Ausgehen und Tanzen ist nicht mehr angesagt. Und die letzte freundliche Aufmerksamkeit liegt auch schon mehr als drei Monate zurück.

Ist es verwunderlich, dass Eva ins Nachdenken kommt: Wo ist die Romantik des Anfangs geblieben? Meint er, er hätte mich so fest und sicher, dass er sich nicht mehr um mich zu bemühen braucht? Oder bin ich weniger attraktiv als früher? War es nur der Kick des Anfangs? Und dann kommt die Hochrechnung: Wenn er sich vor der Hochzeit schon so sehr verändert, wie wird das erst danach werden?

Angst vor Veränderung

Ja – was kann sich nicht alles im Laufe eines Ehelebens verändern? Solange Sie in Harmonie zusammen Ihr Leben gestalten, gesund und glücklich eine Menge unternehmen, kein anderer bzw. keine andere Ihr Einssein stört, kann doch eigentlich nichts schief gehen.

Doch wie würden Sie damit fertig, wenn plötzlich Ihre Arbeit eine wichtigere Rolle spielen würde als Ihr Partner, Ihre Partnerin? Wie ginge es Ihnen, wenn Sie für Ihre Partnerschaft mehr einbringen müssten, als Sie bereit sind zu geben?

Märchen sind besonders deshalb Märchen, weil sie mit der Hochzeit enden. Es wird nicht erzählt, ob der Prinz auch nach zehn Jahren noch der Traumprinz ist, der seiner Frau alle Wünsche von den Augen abliest. Man erfährt nicht, ob die Prinzessin auch nach zwanzig Ehejahren noch so hold ist, dass der Prinz ohne sie nicht leben mag.

Wie stünde es um meine Eifersucht, wenn du dich mehr mit anderen Männern bzw. Frauen unterhalten würdest als mit mir? Wie würde ich reagieren, wenn du plötzlich ernsthaft erkrankst?

Positiver Wandel

Lebenserfahrung zeigt, dass alles im Fluss ist, sich also auch die Liebe verändert und wandelt, neue Dimensionen erhält. Und das ist gut so! Denn auch ein guter Mensch, der sich nicht weiterentwickelt, wird mit der Zeit fade, einsilbig und langweilig. Er entwickelt keine Perspektiven für die Zukunft. Er bleibt immer nur derselbe. Erst die Wechselfälle des Lebens lassen einen Menschen reifer werden.

*»Vor Gottes Angesicht nehme ich dich an
als meine Frau / meinen Mann.
Ich verspreche dir die Treue
in guten und in bösen Tagen,
in Gesundheit und Krankheit,
bis der Tod uns scheidet.
Ich will dich lieben, achten und ehren
alle Tage meines Lebens.«*
Vermählungsworte bei der Trauung

Keine übersteigerten Erwartungen

Ganz nüchtern: Wir heiraten einander, weil wir uns wirklich mögen und lieben. Doch wir beide sind Menschen aus Fleisch und Blut, mit vielen guten Seiten und auch mit Schwächen. Und die Schwächen werden in den folgenden Jahren nicht einfach verschwinden. »Stop!« also vor übersteigerten Erwartungen!

Liebe heißt gemeinsames Wachsen

Schwierig wird es nur dann mit der Liebe, wenn wir uns auseinander entwickeln, wenn wir beginnen, getrennte Weg zu gehen.

Gemeinsames Wachsen heißt:

- Wir erzählen einander, was wir im Laufe eines Tages erlebt haben.
- Wir ermutigen einander, unsere Persönlichkeit zu entfalten.
- Wir sprechen einander Anerkennung aus: »Du bist mir wichtig!«
- Wir halten zusammen aus, wenn etwas schief gegangen ist.
- Wir vertrauen einander, damit jeder in Freiheit atmen kann.
- Wir sind nicht der Meinung, dass ein Streit gleich eine Ehekrise auslöst.
- Wir erinnern uns an das Ja-Wort des Hochzeitstages und vertrauen auf Gottes Treue-Zusage.

→ **Anregungen**
→ *Wir erzählen uns: Worin hast du dich in der letzten Zeit verändert?*
→ *Wir gestehen einander: Worin wünsche ich dir eine weitere, positive Entwicklung?*
→ *Vor welcher Entwicklung bei mir oder bei dir habe ich Angst?*

Kinder, die Gott schenken will

»Sind Sie bereit, die Kinder anzunehmen, die Gott Ihnen schenken will, und sie im Geiste Christi und seiner Kirche zu erziehen?«
FRAGE AN DAS BRAUTPAAR BEI DER TRAUUNG

Um es offen zu sagen: Für Christen gehören Kinder zu einer Ehe wie die Früchte zu einem Baum. In der körperlichen Liebe erleben Frau und Mann ihre innige Verbundenheit. Sie erfahren leibhaftig ihre Einheit und Liebe. Diese Einheit und Liebe wächst über sie hinaus und wird fruchtbar in einem neuen Menschen. Aus Ehe wird Familie.

Indem Mann und Frau einem Kind das Leben schenken, wirken sie mit an Gottes Schöpfung. Gott schenkt menschliches Leben. Frau und Mann werden gleichsam zu Interpreten der Liebe Gottes (Zweites Vatikanisches Konzil, 1962–1965).

Umgekehrt bedeutet dies: Wenn Frau und Mann nicht grundsätzlich offen sind für die Weitergabe des Lebens, Kinder also ausschließen, gehen sie vor Gott keine wirklich schöpferische und gültige Ehe ein.

Kinder machen »reich«

Man rechnet damit, dass ein Kind die Lebenshaltungskosten eines Paares um 30 Prozent steigert. Kinder bringen also keine materiellen Vorteile. Der Reichtum durch Kinder entsteht durch etwas anderes: Es ist eine große Freude, Leben aus dem eigenen Leben im Arm zu halten – Kinder machen das Leben auf eigene Weise sinnvoller – Mütter und Väter wachsen in eine größere Menschlichkeit hinein – in Kindern wird Hoffnung und Zukunft sichtbar.

Paare, die keine Kinder bekommen, können auf ihre Art Verantwortung für andere Menschen übernehmen, vielleicht auch an eine Adoption denken. Sie können auf eine andere Art fruchtbar werden und sich schöpferischen Aufgaben stellen.

Empfängnisregelung

Immer wieder entsteht Unmut darüber, dass sich die katholische Kirche dezidiert zu Fragen der Empfängnisregelung äußert. Ihr Anliegen ist es: Die Ehepaare mögen ermutigt werden, mit ihrer von Gott geschenkten Fruchtbarkeit verantwortlich und partnerschaftlich umzugehen. Man spricht von »verantwortlicher Elternschaft«.

Fragen, die besser vor der Hochzeit besprochen werden

→ *Welche Bedeutung haben Kinder für unsere Ehe? Welche Vorstellung haben wir zur Kinderzahl?*

→ *Wie möchten wir die Arbeiten zu Hause, in der Erziehung der Kinder, im Beruf aufteilen?*

→ *Welche Werte möchten wir unseren Kindern vermitteln?*

→ *Wie möchten wir es mit der Taufe und der religiösen Erziehung unserer Kinder halten?*

Kirche zu Hause – »Haus-Kirche«

Wenn von Kirche und Glauben die Rede ist, denken viele an den Papst, die Bischöfe oder Pfarrer, an die christlichen Gemeinden vor Ort. Doch – das reicht nicht. Denn: »Die Familie ist die erste und wichtigste Kirche für jeden Menschen« (Bischof Karl Lehmann, Mainz).

Die ersten Christengemeinden entstanden nicht, indem man etwa die Menschen in Kirchen versammelte. Vielmehr stellten einzelne christliche Ehepaare und Familien ihr Haus zur Verfügung, damit sich die Gemeinde treffen konnte. Auf vielen solcher Häuser wurden später große Kirchenbauten errichtet.

Es ist auch heute so: Eine christliche Gemeinde lebt von ihren Zellen, den christlichen Häusern und Wohnungen und den Menschen, die darin wohnen. Auch heute wachsen die Menschen in aller Regel durch ihre Familie in ihre Religion hinein. Durch das Lebensbeispiel der Eltern wird Glaube und Religion an die Kinder weitergegeben.

So beten beispielsweise Eltern mit ihren kleinen Kindern ein Abendgebet, wenn sie diese zu Bett bringen. Oder sie segnen ihre Kinder mit einem

Kreuzzeichen auf der Stirn, wenn sie das Haus verlassen. Manche Ehepartner sprechen, wenn sie etwa zur Arbeit gehen, zueinander: »Gott segne dich!« Das ist nicht Ausdruck von Weltfremdheit, sondern Ausdruck des Wissens um die eigentliche Lebenswirklichkeit. So ist Glaube nicht eine Sonntagsangelegenheit, sondern lebt ganz konkret an jedem Tag.

Familie und Gemeinde

Christen brauchen – wie auch sonst im Leben – Gleichgesinnte, brauchen die Ermutigung durch den Austausch des Lebens mit anderen Christen. Wer braucht dies nicht? Darum gibt es christliche Gemeinden. In ihren Gemeinden heiraten Christen und geben einander ihr Ja-Wort. Hier werden ihre Kinder getauft, zur Erstkommunion, Firmung oder zur Konfirmation geführt. Hier werden viele Feste gefeiert: Spiegel des Lebens!

Dennoch spüren sie: Ohne das gelebte Exempel und Engagement der Eheleute und der Familien wäre eine Gemeinde wie tot. Wenn Eltern ihre Kinder nicht mehr tauften, stürbe eine Gemeinde aus. In den Ehen und Familien werden die Fundamente des Glaubens gelegt. Dort erfahren Eltern und Kinder immer wieder konkret, dass Menschen nicht allein von Brot und Geld leben.

Wie eine Haus-Kirche lebendig wird

Bei der kirchlichen Trauung stellt der Pfarrer dem Brautpaar die Frage:

»Seid ihr beide bereit, als christliche Eheleute Mitverantwortung in der Kirche und in der Welt zu übernehmen?«

Das Brautpaar antwortet auf diese Frage mit einem persönlichen »Ja«. – Was bedeutet Ihnen ein solches Ja-Wort? In welcher Weise möchten Sie als eine kleine »Hauskirche« Mitverantwortung in Kirche und Gesellschaft übernehmen?

→ Anregungen

LEBENDIGE FORMEN
Eine christliche Ehe versteht sich als Kraftzentrum, aus dem heraus Frau und Mann ihre Aufgaben bewältigen. Kraft erhalten sie aus dem Gespräch miteinander und aus dem Gespräch mit Gott, dem Gebet:
– *Welches Gebet kennen wir beide und möchten wir öfter, vielleicht täglich gemeinsam beten?*

RELIGIÖSE ZEICHEN erinnern an das Fundament Ihrer Liebe. Möglicherweise erhalten Sie zu Ihrer Hochzeit ein Kreuz, eine Christus- oder Marienikone oder eine Kerze geschenkt. Oder Sie bringen selber ein solches Zeichen mit in die Ehe:

– *Welche Zeichen und Bilder sind uns wichtig? Wo möchten wir sie in unserer Wohnung aufhängen oder aufstellen?*

RITUALE UND BRÄUCHE geben dem Leben im Lauf des Tages, der Woche, des Jahres eine Form. Manche Rituale sind fast selbstverständlich, wie etwa der Abschieds- oder Begrüßungskuss. Auf andere Riten und Bräuche, die uns in unseren Herkunftsfamilien gefielen, könnten wir uns miteinander verständigen oder neue entdecken und in unserer Ehe einführen:
– *Möchten wir uns z.B. einmal in der Woche Zeit füreinander nehmen und vor einer brennenden Kerze einander – und vor Gott – aus unserem Leben erzählen?*
– *Möchten wir uns z.B. durch ein Tischgebet daran erinnern, dass alles Gute von Gott kommt?*
– *Wie gestalten wir für uns Feste: Geburtstage, Namenstage, Weihnachten, Ostern...?*

© Verlag Herder, Freiburg im Breisgau 2001 · www.herder.de

Alle Rechte vorbehalten

2. Auflage

Umschlagmotiv: Stone, München

Bilder im Innenteil: Wolfgang Müller, Oberried

Druck und Bindung: J. P. Himmer, Augsburg 2002

Gedruckt auf umweltfreundlichem,

chlor- und säurefrei gebleichtem Papier

Printed in Germany

ISBN 3-451-27328-4